エピソードで伝える偉人伝

乃木希典

武士道を体現した明治の英雄

【もくじ】 神となった“乃木さん” 2 ／玉木文之進先生の指導 7 ／実弟、師との別れ 10 ／軍旗の喪失 13 ／結婚と両典の誕生 15 ／ドイツ留学と覚醒 18 ／辻占少年との出会い 21／日清戦争での活躍 25 ／台湾総督として 28 善通寺の師団長 32 ／那須野での平穏な暮らし 34 ／日露戦争の開戦 37 ／世界に希望を与えた日露戦争の勝利 41 日露戦争と勝典少尉の戦死 44 ／旅順要塞攻略戦と保典少尉の戦死 46 ／水師営の会見 50 ／自責の念と戦死病者への支援 56 ／学習院長時代 61 ／明治天皇の崩御と殉死 68

神となった〝乃木さん〟

日本とロシアが戦った日露戦争。

両軍が総力を結集した、最終決戦の奉天会戦が日本の勝利で幕を閉じたとき、一人の老将軍が馬上より戦場を巡視していると、どこからか赤ん坊の泣き声が聞こえてきます。

老将軍は耳を澄ますと、戦闘に巻き込まれたであろう多くの中国人の亡骸から、一人の赤ん坊を見つけました。老将軍は赤ん坊を優しく抱き起こし、その頭をなでながら、「**二つの外国がお前の国の中で戦った。これはお前達の国の恥だ。お前が大きくなったら、この国の恥をそそぐため、お国のために努力してくれよ**」とつぶやきました。それを傍で聞いていた中国人は感激のあまり涙を流し、後に神と祭られる老将軍の熱心な崇敬者となりました。

この老将軍の名を、陸軍大将・乃木希典といいます。幕末、明治の主たる戦争を駆けぬけ、数多の戦いで武勲を立てながら誇ることなく、士卒を思う慈悲にあふれたその人柄は、多くの日本人の尊敬を集めました。

雑誌『冒険世界』（明治四十三年六月刊）には、国民による人気投票が掲載されていますが、軍人部門の一位に輝いたのは乃木大将でした（現代豪傑部門でも第三位。婦人部門では乃木大将婦人が実践女学校を創設するなど女子教育に力を尽くした下田歌子につづき第二位）。

乃木神社（港区赤坂）

車屋や馬丁など、当時としては身分が違う人たちに対しても優しかった乃木大将。人々は乃木大将を、尊敬と親しみを込めて、〝乃木さん〟と呼びました。本書もこれより、〝乃木さん〟と呼んでいきたいと思います。

乃木さんが明治天皇崩御に続いて殉死した後、当時の東京市長（現、東京都知事）であった阪谷芳郎などが加わり、崇敬団体「中央乃木会」を設立。乃木邸がある赤坂区（現、港区）の人々から、乃木さんを祭る神社を創建したいとの声が日増しに強くなってきました。当初は政府も軍部も反対しましたが、人々の熱声をうけて許可を出すことになりました。

大正十二年（一九二三）十一月一日、かがり火がたかれ厳かな雰囲気のもと、東京の旧乃木邸の隣接地で、乃木神社の御鎮座祭が斎行され、多くの人々が参列しました。

乃木さんを尊敬した人々は、日本人にとどまりません。

満州事変で日本軍と戦った張学良は、戦後、次のように語っています。

「乃木将軍に憧れて、一番好きな詩『乃木作詩の漢詩』を覚えました。覚えたのは若いときですが、今でもそらんじています」

「私は軍人として乃木将軍を尊敬しています。私は乃木将軍の人格を尊敬しています。日露戦争は日本軍の絶頂期ですが、勇敢だったばかりでなく、指揮官の規律もすばらしかった。敵であっても人格を尊敬していた。乃木将軍の時代には、まだ日本の武士道が生きていたのです」

また、満州帝国の国務院総理を務めた鄭孝胥は、乃木さんを弔う漢詩を遺しており、詩碑は青島博物館に現存しています。

さらに、奉天市の副市長をしていた山口重次は、昭和九年ごろ、李官堡という場所で王宝亭という老人と出会います。老人の自宅には乃木さんを祭る祭壇があり、山口が理由を尋ねると、

「奉天に駐軍したロシア軍は、自分たちに暴虐なことをしてきましたが、どうすることもできませんでした。しかし日本軍が勝利すると、ロシア軍に奪われた品々を返してくれたうえに、占領品を分けてくれました。私共はただただありがたく、泣きました。

そして恩に報いるため、ロシア軍の居場所を調査して糧秣（兵隊のための食料）の集積場に火をつけて戻ってくると、奥から白い髯のはえた立派な軍人が出て来て、私達の肩をなでて丁寧なお礼を言われました。私共は、これが乃木大将だと聞かされて思わず平伏しました。中国では、将軍が百姓に言葉をかけることなどは全くないこ

戦死した乃木将軍の部下を供養するため、中国人が建立した法庫門西山の慰霊碑

とです。これが、あの鬼のようなロシア軍を敗かした大将軍かと思うと、なんだかその時、人間ではなく神様のように見えました」

と述べ、乃木軍はその後、軍医が村を巡回して病人を治療し、道や堀を造ることを教えて兵隊も手伝ってくれるなどしたため、「この地方の人々は、乃木将軍は神様で日本軍は神兵だと信じ崇めております」と話しました。

王宝停は親日家であるがために投獄され、日本からも何ら報われるところがなかったのに、日本人を歓迎し続けました。

山口は王宝停に頼んで、乃木さんを崇拝し日本に尽くした功労者を集め、日本へ行かせることにしました。ところが一行は、「乃木神社に参拝しないと汽車に乗らない」と言うので行かせると、神職の一人が乃木軍の下士官で旧知の間柄であることがわかり、老人同士抱き合って声をあげて泣いたのでした。

さあ、これから乃木さんとはどのような人であったのか。その人生を見ていきましょう。

玉木文之進先生の指導

乃木さんは嘉永二年（一八四九）十一月十一日、乃木希次と寿子の子として江戸の麻布日ケ窪（現、六本木ヒルズ）の長府藩邸で生まれました。体はあまり丈夫ではありませんでしたが、泣き虫ではなく、先輩から「あんたは臆病でいかん、犬も猫も殺しえんではないか」と冷やかされたとき、**「はい、私は犬や猫を殺す刀は持ちません」**と答えたように、心根の優しい子でした。しかし、乃木さんの両親は立派な武士に育てるため、潤沢な愛情を与えつつも厳しく育てあげていきます。

たとえば、乃木家は子供の厚着を禁じていましたが、厳寒の朝、思わず「ああ寒い」と一言洩らしながら外に出ようとすると、それを聞いた父は、乃木さんの襟上をつかんで雪中に突き倒し、桶の水を二杯浴びせかけ、「武士の家の生まれ、何という弱音を吐く！」と叱りつけたといいます。

また、剣道の稽古中に父の打った竹刀が防具を外れたため、思わず「痛い！」と叫んで竹刀を落としたところ、父は「痛いとは何だ、武士は命を棄てても弱音を吐くなと言っているではないか」と叱り、「今のは防具外れですから」と乃木さんが応じると、「これが真剣だったらどうするか。実戦には稽古も真剣もない。まだ痛いか」と容赦なく叩くため、泣きながら「父上、痛くありません」と答えると、「痛くなければ許してやる。今後も弱音を吐いたら承知せぬぞ」と言ってやめたようなこともありました。さらには、ご飯の好き嫌いを言うと、好きになるまで毎日同じ料理が出されたといいます。

乃木さんは十歳のとき、本国の長府（下関）へと引っ越し、藩の集童場で文武の修行をしました。

寝ていたある朝、母親が蚊帳を釣ろうとして手がすべり、釣手の環が眼にあたって、片目をほとんど失明してしまいました。しかし、母親の過失を人に知らせたくないという思いから、眼の不自由を終生口外したことはありませんでした。

乃木さんは十五歳で元服し、学問の道を志しましたが、立派な武士になってほしい父と意見があわず、吉田松陰の叔父で松下村塾の創始者である、姻戚の玉木文之進先生の元へと家出をしました。

当時、吉田松陰は安政の大獄で斬首されていましたが、その遺志を継いだ弟子たちが藩の中枢で活躍しており、松下村塾は多くの若者の憧れの場所となっていたのでした。

ところが、玉木先生は乃木さんに「武士が嫌なら百姓になれ。それが嫌ならすぐに帰れ」と追い返します。そこで行き場がなく門前で乃木さんが途方に暮れているのを玉木夫人が見つけ、玉木家で塾生としてではなく百姓という扱いで面倒を見てもらうことになりました。玉木家では昼は農作業をし、夜に学問をするという日々を過ごし、ここでの生活が乃木さんを肉体的にも精神的にもたくましい青年へと成長させていく基盤をつくることになったのです。

また玉木先生からは、山鹿素行の教えである山鹿流兵法を学んだほか、吉田松陰の直筆「士規七則」を与えられました。常に肌身離さず大事に所持していましたが、後述する西南戦争で川に飛び込んだ際に紛失してしまい、後年に至るまで悔いていたといいます。

実弟、師との別れ

乃木さんは玉木家で学問を修め、藩校明倫館に入学して屈指の秀才と目され、文武両道に優れた青年となりました。

ある日、玉木先生は乃木さんを呼び寄せ、「そろそろ実家に帰りなさい。お前が私の家に来る前に父親から、玉木家に来るだろうから面倒を見て欲しいと手紙があったのだ。時々、様子見の手紙もあり、お前の着ている服も全て父親から送ってきたのだ。親の有り難みがわかったか。わかったら帰る支度をしろ」と、希次の書簡を見せました。

乃木さんは友人たちと比べて厳格すぎる父親の態度を、時には情けなく思わないではありませんでしたが、初めて聞いた父の子への思い、自分の身を思うがゆえに冷やかに接した心情をくんで、心の内で泣いて喜びました。

やがて第二次長州征伐が始まると、乃木さんは長府藩の正規軍である報国隊として参戦。高杉晋作の奇兵隊と共に、小倉口の主力として幕府軍を撃退しました。小倉城を落城させたとき、燃えさかる炎をくぐって城中へ一番乗りしたのは乃木さんでした。

その後、報国隊長であった御堀耕助が、文学か軍人かで将来の進路を迷う乃木さんに、「目的は一つでなければ達成できない。目標を立てた以上は脇目もふらず、達成のために邁進しろ」と諭したことで、軍人になる道を選択。フランス式訓練法を学び、明治維新を迎えて二十三歳になると陸軍少佐へと昇進しました。

しかしこのころ、明治新政府の新しい政策に反発を抱いた士族たちは、次第に反乱を起こすようになりました。

玉木先生の養子となった実弟の正誼は、維新の功労者でありながら新政府と対立した前原一誠と共に、蜂起することを決意していました。乃木さんは正誼から仲間に加わるよう懇願されるも拒否し、逆にその不心得を諭しますが、結局、両者は敵味方に別れることになりました。乃木さんは弟の手を握り別離の盃を酌み交わし、今生の別れを惜しみました。

その後、乃木さんは去りゆく弟の影を見送りながら、暗涙にむせびましたが、すぐに前原一党が反乱を起こすことを政府に打電しました。「大義、親を滅す（国や君主の大事のためには、親兄弟をも犠牲にする）」という言葉がありますが、乃木さんは身を削って大義をとったのです。この打電によって官軍は情勢を迅速に知ることができ、反乱はすぐに鎮圧され、正誼も戦死したのでした（萩の乱）。

その後、玉木先生は自分の養子や弟子たちの多くが反乱に加わったことを嘆き、自分の教育不足によるものだと責めて自刃しました。

軍旗の喪失

萩の乱の翌年、明治十年（一八七七）に西南戦争が勃発します。これは新政府に不満を抱く鹿児島を中心とする士族が、西郷隆盛を擁して起こした内戦でした。乃木さんは第十四連隊長（小倉）でしたが、西郷軍が熊本城へ向かったため、田原坂方面への出動命令を受けました。

乃木隊が急いで向かうと、西郷軍は田原坂の北方、植木に前衛を張って待ち構えていました。乃木隊は将校以外、徴兵間もない百姓の部隊であるのに対し、西郷軍は勇敢な薩摩藩士。また、兵力は西郷軍の半分にすぎませんでした。激戦の後、兵を撤退させることを決意し、連隊旗は巻いて旗手に負わせ、護衛をつけて後方に退かせました。

ところが、西郷軍の追撃は激しく、旗手は戦死し、軍旗は西郷軍に奪われてしまいました。西郷軍はこれを攻囲中の熊本城外にある花岡山の上に掲げました。城兵は援軍が全滅したと思い、士気を下げていきました。

植木の戦いは、乃木さん自身も崖下に転げ落ちて部下に救出されるほどの乱戦でしたが、軍旗を失ったことを知った乃木さんは、**「天皇陛下から賜った軍旗を失い、なんの言あってか陛下に謝し奉ることができよう」**と自害しようとします。周りに止められて思いとどまったものの、待罪書を出して自らの処罰を願い出ました。しかし処罰されることはなく、それが乃木さんをさらに苦悶させ、以後は死に場所を求めるように、何度負傷しても病院を脱走して前線へと向かい、行動不能になっても馬に体を縛りつけて指揮をとりつづけました。

乃木さんはなぜ、軍旗喪失に死に勝る自責の念を感じたのでしょうか。

当時、軍旗は錦の御旗（天皇の軍の旗）に準ずるものとされ、軍旗は天皇陛下を象徴したものだと考えられていました。その軍旗を敵に奪われたということは、天皇陛下を、軍人精神を重んじる乃木さんにとって耐え難いものでした。

西南戦争は政府軍の勝利で終わり、乃木さんは死に所を失いました。後に殉死した際、理由を記した遺言状に**「明治十年の役において軍旗を失い、その後、死に所を得たく思っていたが、その機会を得られなかった」**とあるように、終生苦悶の日々を過ごすことになります。

西南戦争が終わった後、父・希次が他界しました。乃木さんにとってこの二年間は、軍旗を失い、実弟、恩師、父と死別するという、悲しい記憶の連続となったのでした。

結婚と両典の誕生

明治十一年（一八七八）、乃木さんは歩兵第一連隊長（東京）となりました。しかし乃木さんは、つらい記憶を忘れるように酒に頼るようになりました。

その姿は、酒によって破滅を急ぐのではないかと懸念されるほどでしたが、その心を思えば諌めることが同情を欠くように感じられたといいます。生きることも死ぬことも、乃木さんにとって辛い日々が過ぎていきます。

そのような乃木さんを立ち直らせるには結婚するのが良いということで、薩摩藩出身で北海道開拓に尽力していた湯地定基の妹・静子と結婚することになりました。

しかし、乃木さんの気持ちが急に改まることはなく、結婚式の夜に新婦は来たものの新郎が職場から帰宅したのは真夜中で、ひどく泥酔していました。その夜、乃木さんは酔いつぶれて寝てしまっています。

これは乃木さんの演技でした。乃木さんは盃を交わすとき、静子に「考え直すなら今だ。ついて行けんと思ったらこのまま帰りなさい」と言っています。乃木さんは挙式に際して、自分の正体や乃木家を裸にして見せようとしたのでした。こんな家庭、夫でもやっていく自信があるのかと問うたのです。

この翌年に長男・勝典が生まれました。乃木さんは、**「武人としての私の跡取りだ」**

と眠る勝典に見入ったといいます。また明治十四年（一八八一）に次男・保典が生まれました。

しかし、結婚しても乃木さんの行状は改まることはなく、寿子は嫁である静子夫人を責め、嫁姑の争いが始まるようになります。父母への孝行を強く説いた儒学教育を受けている乃木さんは、板挟みとなってしまいます。

幼少時の保典（左）、勝典（右）

そのため一時期、乃木さんは静子夫人に乳母と女中を雇ったうえで別居することになり、母に遠慮しながらも、時折様子を見に行きました。寿子は、離婚して新しい妻をもらったらどうかと迫りましたが、普段、親に逆らったことのない乃木さんもこのときばかりは**「そんなことをしたら静子は死にましょう。静子が乃木家の門を出**

て行くときは、亡骸となったときだけです」と、はっきりと断りました。乃木さんは静子夫人を愛していたのです。

この後、寿子も静子夫人も仲直りをし、別居が解消されてからは、寿子は、「うちの嫁は日本一だ」と他人に自慢するまでになりました。

晩年になって嫁姑の関係で苦しんでいる女性から相談をうけた静子夫人は、「姑が少々無理を言っても、嫁はあくまで孝道を尽くすのは、昔から人の義務です」と手紙に書いています。

ドイツ留学と覚醒

明治十九年（一八八六）、陸軍少将となっていた乃木さんは、日本陸軍の教育法を定めるため、派遣先のドイツで兵制研究を学びました。

乃木さんはここでドイツ皇帝ウィルヘルムⅡ世と会い、皇帝とドイツ軍の関係を実見したほか、一般戦術、初等戦術、大兵団の図上戦術を学び、さらに現地講話、兵制、学校、秋季演習の実施等の指導を受けました。一年超に及ぶドイツ留学は大いに啓発されるものがあったといいます。

乃木さんのドイツ理解は深く、滞在中は日記をドイツ語で書き残しています。

帰国した乃木さんは、これまでの生活を一変させ、酒に溺れることもなくなりました。騎士道精神にふれ、武士道精神を再び開眼させた乃木さんは、陸軍のために尽くすことが君恩（天皇陛下の恩）に報いる道だと悟り、新たな道を歩み始める契機を得ました。

帰国後、乃木さんの発案によって「将校団」が創設されました。これは連隊の幹部の集まりで、連隊長が責任者となって各種委員会（士官が責任者、下士官が担当者）を運営する取り組みで、組織の団結力を強化する狙いがありました。

また、ドイツ軍将校は有識階級の婦人を妻とし、それが堅実な家庭と部下の尊敬を受けていることを知り、以来、将官の結婚は全て天皇陛下の決裁を、将校は陸軍大臣の許可を得るよう改革しています。

乃木さんの生活も一変し、つねに軍服を着て生活するようになりました。これは軍人、特に上級将校は規律を守り、軍人たる面目を重んじることが部下の教育に大事だと考えたからです。

しかし、着用を訓令で命じることはできないので、高等武官が率先してこれを着て、威風を部下に浸透させるべきだと考えたのです。

夏の暑い日、親しい友人が浴衣姿で乃木邸に訪問し、軍服姿の乃木さんに「暑くないか？」と尋ねると、ちょうど連隊で吹くラッパの音が聞こえてきました。乃木さんは**「あのラッパは浴衣姿では吹いていないからね」**と答えました。

以後、乃木さんは自ら模範をしめすように古武士のような「乃木式」と呼ばれる生活を過ごし、周囲の人々を驚かせました。

勝典、保典の学校の友達が、たまたま乃木家でご飯をご馳走になった際、そこで出た料理は一汁一菜一椀。乃木家の何かの行事の際には、粟やヒエの混じったご飯が出てきて困ったという話などが伝わっています。しかし実際は、乃木さんは他人の子供にこのような料理を勧めたことはなく、全ては子供への家庭教育として克己鍛錬のためでした。

自分の息子たちには軍人として育てるため、あえて音楽なども許さず、厳格に育てましたが、姪などに対しては温情深く接しています。

乃木さんは、個人としては質素な生活を過ごしましたが、公務に際しては高等武官としての体面を汚さないよう、必ず一等のホテル、汽船、汽車を用いるようにし、三等以下になるならば旅行しない方が良いとまで訓戒しています。

「乃木式」とは、騎士道と遜色なき武士道、言わば「ジェントルマンシップ」のことなのです。

辻占少年との出会い

ドイツから帰国した乃木さんは、近衛歩兵第二旅団長（東京）を経て、歩兵第五旅団長（名古屋）となりました。

仕事で金沢を訪れたとき、たまたま街角で辻占菓子（占いが入ったお菓子、フォーチュン・クッキーのようなもの）を売っていた八歳の少年を見かけました。

少年は幼くして両親と死別し、祖母と弟妹を養うため、昼は魚、夜は辻占売りをして貧しい生活を支えていたのです。

理由を知った乃木さんは、当時の大金であった二円を少年に与え、「立派な人間になれよ」と励ましました。

乃木将軍と辻占少年（旧乃木邸）

この少年の名は、今越清三郎といいました。後に日露戦争で徴兵されて、旅順要塞攻略戦に参加。その後、乃木さんに激励をうけたことを励みとして、努力を重ねて金箔師として大成しました。

昭和四十一年（一九六六）、今越の作品

は滋賀県の無形文化財に指定され、昭和四十九年（一九七四）に彦根で亡くなります。享年九十一歳。

乃木さんと辻占少年の話は講談（演者が観衆に対して読み聞かせる芸能）として、様々な形で伝わっていますが、虚構だと思われていました。

しかし、今越が名乗りでたことで、事実だと確認されたのです。

現在、「乃木将軍と辻占少年」の像は、赤坂の旧乃木邸前に建っています。今越は、次のように乃木さんへの思いを詠んでいます。

辻占の昔を語る今日の栄え乃木将軍の御恩忘れじ

また、明治二十四年（一八九一）に濃尾地震が起こります。震度七を記録した日本史上最大規模の地震であり、死傷者約二万四千人、家屋被害約二十二万棟に達しました。

この当時、名古屋方面の師団長に陸軍次官から異動したばかりの桂太郎（のち首相）

がいました。

本来、師団の出動は反乱などの鎮圧目的に限られており、災害発生に対して出動する規定はありませんでした。しかし、大地震によって電信も伝令も通じず、入ってくるのは倒壊した家屋に押しつぶされている人々の苦しみの声でした。

桂は全責任を負う覚悟をし、軍を出動させて市民の保護、人命救助、消防などをおこないました。

これは、今に伝わる軍隊をつかった災害救助の初めての事例となりましたが、桂は緊急事態であったとはいえ、越権行為をしたとして辞表を提出しました。しかし、明治天皇は却下し、かえってお褒めの言葉を賜いました。

乃木さんも桂の指揮下、兵を率いて人々の救済に尽力したのでした。

しかしその後、乃木さんは病気のため軍を休職することになりました。そして、栃木県の那須野に別荘地をつくり、自ら鋤をとって畑を開墾する穏やかな日々を過ごします。

乃木さんはヒエばかりを食べていましたが、雇われた百姓には米の飯と相当の金を与え、「ご苦労だね」とねぎらうので、皆が乃木家で雇われるのを喜びました。また時折、農家の若者を集めて、農業の貴さを説いたため、都会に憧れる若者たちも自分の仕事の意義を見出し、以前より熱心に働くようになりました。

日清戦争での活躍

明治二十七年（一八九四）八月一日、日清戦争が勃発します。それより前、明治二十五年（一八九二）十二月、休職してから十ヶ月後、乃木さんは歩兵第一旅団長（東京）として復職しており、日清戦争に参戦します。乃木さんは、先に朝鮮に渡った第一軍に次いで編成された第二軍に所属して、旅順半島攻撃の任務を得ました。

乃木旅団は、金州街道を敵の小部隊を撃破しながら前進し、わずか半日の戦闘で金州城を陥落させました。

金州城を攻略したころ、満州は寒さが厳しく雪が降ってきました。やがて内地から防寒具が届きましたが、兵士の分がまだ届かないと聞いた乃木さんは、**「兵士が着ないものを将校が着てどうする」**と断りました。

その後、上官である山路元治師団長は、乃木さんが零度以下の寒中で薄着をしていると聞いて、「若い兵士と同じ服装では、健康を害するからコートを届けなさい」と上等のコートを贈りましたが、乃木さんは、**「山路閣下よりの贈品、さらに患者用に寄付す。乃木希典」**とコートの裏地に書き、野戦病院に立ち寄って患者に与えて欲しいと手渡して、自分は兵士同様に防寒具をつけずに過ごしたのでした。それを聞いた兵士たちは、皆涙を流して乃木さんの厚い心に泣きました。

続いて乃木旅団は、大連湾の諸砲台を占拠して旅順口に到達します。ここは清軍が最も重要な拠点とし、東洋第一の要害（攻略が難しい地）といわれていました。第二軍はこれをたった一日で陥落させ、世界を驚嘆させることになります。

一方で、清軍は日本兵の捕虜に対し、手足を断ち、首を斬り、睾丸を抜くなど、残虐な刑罰を加えました。乃木さんの兵士たちも戦友のために復讐してやると意気込んでいましたが、乃木さんは仁義をもって敵を撃つべきだと説いて、軍規を厳粛にしたため、清軍の捕虜に対する残忍な行為は起きませんでした。フランスのフィガロ紙記者カレスコーは、「暴に酬ゆるに徳をもってす。まさに東洋君主国たるに愧じずと云うべし」と日本軍の姿を讃えています。

乃木さんは次に海城を占領したものの、清軍の反撃をうけて苦戦する第三師団（師団長・桂太郎）を救援するため、混成旅団を編成して蓋平城を撃破。ついで敵を撃つべく北上し、疲労と空腹に弾薬不足、そして厳寒のなか太平山付近で雪中戦闘をおこない、勝利を収めました。

その後、次の作戦に備えるため待機していましたが、その間に日清戦争は終わりました。

乃木さんは日清戦争の活躍で、陸軍中将へと進み、第二師団長（仙台）となりました。仙台では、日清戦争戦勝の立役者である乃木さんの着任を歓迎する準備をしていました。しかし乃木さんは、「**生きて帰ったものよりも、まずは戦死者の霊を慰めてくだ**

さい」と応じたため、盛大な招魂祭が開催され、次に歓迎会が開かれたので、乃木さんはとても喜びました。

しかし風雲急を告げるなか、乃木さんが仙台にいたのは、ほんのわずかの期間となりました。

台湾総督として

日清戦争が終わると、台湾が新たに日本の領土となりました。

しかし、清国の策動によって、清国官僚と一部住民らは台湾民主国の建国を宣言し、日本に対する敵対姿勢を鮮明にしました。日本は台湾授受の手続きを完了するや、征討軍を起こして台湾北部を瞬く間に占領しました。

乃木さんはこれを支援するため、第二師団を率いて台湾南部へと進入します。守将である劉永福は、乃木師団に抗しきれないと悟ると、大金を抱えて中国大陸の厦門へと逃走してしまいました。

またこの戦いで、近衛師団を率いていた北白川宮能久親王殿下が、マラリアにかかり薨去（皇族の方が亡くなること）されました。乃木さんは後年、異郷の地で不運の死を遂げた殿下をお祀りし、台湾神宮を建立することを発案しています。

この戦いで日本は台湾全島を平定し、乃木さんは台湾総督に任じられました。当時の台湾には、不正を犯して私利を得ようという多くの輩が入り込み、盗賊なども頻出して戦時と変わらない状況でした。

このころの日本統治は汚職によって台湾人から嫌悪されつつあったので、清廉潔白である乃木さんを台湾総督に任じ、不正の一掃を図ろうという狙いがありました。

しかし、当時の台湾はマラリアが多く危険であるため、家族を連れていく人はほとんどいませんでした。乃木さんは、台湾総督として着任する以上、腰を据えて施政をしなければいけないと考え、家族をともなって台湾へと渡りました。

このとき、母の寿子は病を患っていたため、乃木さんは内地に残すつもりでいましたが、「寿命はどこにいても同じです」と言って聞き入れません。孝心深い乃木さんが母を気遣って大切な職務を疎かにしてはならないと考えたからでした。

寿子の壮烈な思いは、天聴に達しました。明治天皇のお妃であられる昭憲皇后は、出発の前日に寿子に拝謁の栄を与え、老体で台湾に向かう志を讃えられるとともに体を労いました。

寿子の眼からは涙が止めどなくあふれ、「こんなありがたいことが、また世にあろうか。これも希典のお陰です。もう私は死んでも恨みはない」。こうして寿子は喜んで台湾へと向かったのでした。

しかし、台湾に到着すると病気は悪化の一途をたどり、やがて臨終の時を迎えます。寿子は静子夫人を招くと、「永い間お世話になりました。お前ほどの娘をもった私は、本当に幸せでした。勝典に良い妻を娶ってあげてほしい」。

そして、乃木さんの手をとると、「希典、私は何も思い残すことはありませんよ」。こうして眠るように息を引き取ったのでした。当時の台湾を永住の地と考える日本人はおらず、死者は火葬後、内地へ埋葬するのが一般的でした。しかし、乃木さんは「母の遺言である」として寿子を三板橋の共同墓地に埋葬しました。寿子が台湾の土となったことで台湾の人々も乃木さんに尊敬の念を抱くようになったのでした（戦後、墓は京都霊山護国神社へと移されており、青山霊園の乃木家墓地にもあります）。

台湾赴任直前の家族写真

乃木さんは着任すると、治安のためにも産業のためにも優先的に着手すべきは交通政策であると考え、道路整備に注力したほか、学校を増加させて教育勅語を漢文訳して配布しました。特に台北・台中・台南の三地に初めて師範学校を創設し、台湾教育を創始した功績は特筆すべきでしょう。

乃木さんが台湾総督になると、手土産や賄賂を持参して訪問する人も少なくありませんでしたが、これらを近づけることはありませんでした。

乃木さんは台湾統治に没頭しましたが、利権を欲する人々に便宜を与えなかったため、政府に対して乃木さんを罷免するよう働きかける人々が出てきました。

乃木さんは憤慨し、台湾総督を辞任することになりますが、これ以降、台湾は浄化され、後任に盟友の児玉源太郎のような大才が着任したことで、大きな発展を遂げることができたのでした。

善通寺の師団長

休職となった乃木さんは、再び那須野で穏やかな農耕生活を過ごします。貴族院議員、枢密顧問官、会社の顧問など多くの話が舞い込みましたが、これらには見向きもせず日々修養に努めました。

休職は七ヶ月に及びましたが、新設された第十一師団（善通寺）の初代師団長として復職することになります。

第十二連隊長（丸亀）も兼務したため、乃木さんは宿舎を金倉寺に定め、お寺のルールにあわせて自らも肉食酒飲することなく、僧侶と同じ精進料理を毎日食べました。

日清戦争の大勝は国民を驕らせ、軍隊も傲慢になる傾向を生じていました。さらに、第十一師団は創設されて間もない師団で軍規も緩み、問題も起きていました。乃木さんは来るべき戦争に備え、自らを厳格すぎるほどに律することで、師団の風を大いに改めたため、気風は一気に改善し、精鋭師団へと変貌することになりました。

乃木さんが善通寺時代に滞在した金倉寺（金倉寺提供）

乃木さんは地元の人々とも良好な関係を築き、金倉寺から師団へ出勤する際、子供がおじぎをするとニコニコ笑って手を挙げました。ある日、数人の子供が乃木さんの進む道を通せんぼし、「師団長さん、礼をしてください。それでないと通しません」と言うと、乃木さんは笑いながら挙手し、子供たちは喜んで道をあけました。

またこの当時、乃木さんは地元の兵隊たちが休日にうどんを食べていることに着目し、イリコの濃いだしに、餅と肉をトッピングしたうどんを部隊食としました。兵隊たちはこれを「乃木うどん」と名づけて愛食し、除隊した兵士たちが全国各地でうどん店を開業したことで、全国に讃岐うどんが広まるきっかけとなりました。

やがて義和団事件が勃発すると、第五師団（師団長・山口素臣）を支援すべく、第十一師団からも第三大隊を派遣。事件が終わって原隊に戻ると、出征部隊の一部が馬蹄銀という清国の銀貨を掠奪したことが発覚します（馬蹄銀事件）。

これに第三大隊も関わったことが発覚すると、直接の関係はないものの乃木さんは師団長としての自分の責任だと考え、職を辞したのでした。

那須野での平穏な暮らし

乃木さんは三度、那須野の地で平穏な日々を過ごします。農作業は老農も驚くほど巧みになっており、百姓たちとも変わらず懇意に過ごしました。

乃木さんは功名を断ち、閑散に身を置いて再び世に出ようとは考えていませんでしたが、多くの人々は乃木さんの復帰を願っていました。

ある人が乃木さんにこんな歌を送りました。


世の中に為すべき事もおほかるにこんなところで何を那須野か

すると乃木さんは、

為すこともなくて那須野に住むわれは茄子唐なすを喰うて屁をこく

と返しています。

また那須野で陸軍の演習があった際、数名の兵士が乃木さんの邸宅とは知らず、無遠慮に茶が欲しいとせがみました。乃木さんは畑から芋を掘って、兵士たちに笑顔で焼き芋を差し出したので、皆、喜んで頬張り始めました。

そこに騎馬将校が通りかかり、「百姓家に立ち入って迷惑をかけてはならぬぞ」とたしなめて立ち去ろうとすると、乃木さんと視線があいました。将校は馬をとめて、ジッと乃木さんの顔を見つめると「気をつけ！　敬礼！」と叫びました。

兵士らは周りを見渡すも、それと思う人がいないので戸惑っていると、将校は「貴様らこのお方は、乃木中将閣下である、敬礼！」と叱咤しました。兵士らは芋どころの騒ぎではなく、慌てて立ち上がって敬礼すると、乃木さんは、「わしは今、休職中だ。それより芋を食べなさい」と大笑いしました。

しかし乃木さんは、決して、乱（きびしい情勢であること）を忘れたわけではありませんでした。休職しても遠方での演習地に出かけ、士卒と苦楽を共にして、いつも第一線で視察することを怠りませんでした。また、閑居しながらも、遠く満州に戦争の暗雲が立ち上りつつあるのを察すると、

埋木の花咲く身にはあらねども高麗もろこしの春ぞ待たるる
（休職中の身でお役に立てるわけではないけれど、満州の平和のために戦う時を待っている）
と詠んでいます。そして時勢も、乃木さんに永久の閑居を許すことはなかったのです。

日露戦争の開戦

日露戦争はアジア諸国の解放戦争ともいえる戦いでした。

日露戦争を日本の侵略戦争であったかのように主張する人もいますが、マルクス主義者のレーニンですら、「専制主義が人民を投げ入れた恥ずべき侵略戦争」だと、侵略したのはロシア側だと認めています。

ロシアは永久凍土のシベリアをもつ国家であり、冬には分厚い氷によって閉ざされる港しかないため、不凍港（凍らない港）を獲得することが長年の悲願となっていました。

当初は、バルカン半島からの南下を目論んでいましたが、ドイツの天才宰相であるビスマルクによってベルリン条約が締結されました（モンテネグロ、セルビア、ルーマニアの独立、ボスニア・ヘルツェゴビナのオーストリアへの併合、ブルガリアの自治などが決められた）。

これによって、ロシアはバルカン半島からの南下を断念し、その矛先を極東へとむけ始めたのでした。

一方の日本は、日清戦争に勝利したことによって、清国の朝鮮半島への影響力を排除することに成功したものの、ロシア・フランス・ドイツによる三国干渉によって、条約で得たはずの遼東半島を返還させられることになりました。

日本の世論は紛糾し、ロシアとの開戦を切望する声が地に満ちました。しかし、日清戦争を終えたばかりの日本に、これら列強と戦う力があるはずもなく「臥薪嘗胆」を合言葉に、この屈辱を耐え忍ぶことになります。

中国は当初、この処遇に喜んでおり、清国の大臣であった張之洞などは、「ロシアは西洋の列強の中では最も公明正大だ！　三国干渉で日本に打撃を与えたことは、他の諸国が中立しているよりも立派だ」とロシアと清の同盟までも提唱していました。

　ところが、ロシアは日本から取り上げた遼東半島を無償で入手し、旅順に要塞を築城して艦隊を配置し始めます。清国の下には返ってこないばかりか、ドイツ・イギリス・フランスなどの諸国が清国に権益を要求し始め、国家の分断を招いたのです。清国は国際情勢を完全に読み誤っていたのです。

　そして清国の脅威を払いのけた日本は、より恐ろしいロシアの脅威にさらされることになります。ロシアは満州を獲得した後、清朝を脅迫して名実ともに植民地化しようとしましたが、日本・アメリカ・イギリスが抗議したため、満州からの撤兵を約束しました。

　ところが約束の期限が過ぎてもロシアは撤兵しようとはせず、それどころか軍備を強化し始めます。

　これに脅威を抱いたイギリスは「栄光ある孤立」と呼ばれる非同盟政策を転換さ

せ、日本との同盟を結びます。「日英同盟」の成立です。日英同盟によって、ロシアを東西から包囲することができるようになり、この同盟が後に日露戦争での勝利に大きく貢献することになりました。

明治三十六年（一九〇三）八月、日本はロシアに対し、朝鮮半島は日本の勢力下に、満州はロシアの勢力下に置くという苦肉の妥協案を提示します。

しかし、ロシアは朝鮮の利権を手に入れつつあったため、日本の妥協案を蹴って、朝鮮半島の北緯三十九度を基点として北をロシア、南を日本に分割統治するように要求してきました。

日本にとってはロシアの脅威を朝鮮半島に入れることだけは避けたいと考え、ついに明治三十七年（一九〇四）二月、日露戦争が始まることになったのです。

日露戦争の戦力比較をすると、兵力はロシア軍二〇八万、日本軍一〇九万。保有戦艦の総トン数はロシア軍六十一万トン、日本軍二十六万トン。戦費はロシア二十二億円、日本十五億円とあるように戦力差は歴然としていました。それでも開戦をせざるを得なかったことに、日本の大いなる苦悩があったと理解すべきです。

世界に希望を与えた日露戦争の勝利

日露戦争は、日本にとって国運を賭した一大戦争であると共に、その勝利によって世界中に希望を与えた戦争でした。

事実、日本の勝利の結果、これを動機としてインド、アラビア、トルコ、ペルシャ（イラン）などで独立戦争や立憲革命が勃発していきます。中国の国父と言われる孫文は、「私が日露戦争の終わりごろ、イギリスからの帰国の途中、スエズやコロンボで奴隷のように使役されているアラビア人やインド人が、私を日本人だと間違えて『日本は勝った』と狂気のように叫ぶのをみた」と述べています。また、インドの初代首相ジャワハルラル・ネルーは、日本の勝利に熱狂し、新しいニュースを見るため毎日、新聞を待ち焦がれたと述べています。

他にもトルコでは「トーゴー（東郷）通り」などの名称をつけられ、子供に「トーゴー」

や「ノギ」の名前をつける人もいたといいます。

スウェーデンでは第一軍司令官・黒木為楨陸軍大将の名にちなんで「クロキカラー」と名づけた商品を売り出したとも伝えられ、フィンランドでは日露戦争で目覚めたマンネルハイム元帥が独立戦争を起こし、ついに独立を達成しています。

牧野伸顕（のち宮内大臣）によれば、ポーツマス条約締結後、ポーランドの伯爵に招かれて訪ねた際、村長と村会議員が面会を求めてきたため会うことにしました。すると彼らは、こう語ったといいます。

「日本皇帝陛下の代表に、われわれは同胞を代表して御礼を言いにきました。それは日本の皇帝陛下の勇敢なる軍隊がロシアを負かせて非常な打撃を与えた。……日露戦争に負けた結果、今までのポーランド人に対する束縛が国内策のために解かれた。これまでは学校でもポーランド語を教えさせず、土地所有権も与えず、結婚の自由さえなかったのが、日本の連戦連勝のお陰でその束縛が一つ一つ解かれ、今では非常に自由の民となった。これは日本皇帝陛下のお陰で忘れることができません」

日本が日本海海戦で勝利したときも、松山の俘虜収容所では、ポーランド人が全員「万歳！」と叫んだといいます。

日露戦争による日本勝利の余波は、ロシアに弾圧されていた国々だけでなく、西洋諸国にも大きな影響を与えました。

ドイツのウィルヘルムⅡ世は、ドイツ軍に「汝らは日本軍隊の精神にならえ」と訓話をし、アメリカのルーズベルト大統領は、陸海軍に新渡戸稲造の『武士道』を教科書として配布。イギリスでは「教育勅語」こそが日本発展の原動力として、菊池大麓博士に講演を依頼したほどでした。

韓国においても、教科書で〝義士〟として称えられている羅寅永という人物がいます。彼は元々、日清韓の共同によって欧米列強に対抗する必要があるという思想を持っていましたが、韓国が衰退していくのは政府に奸賊がいるからだと考え、彼らを誅殺するため「自新団」というテロ組織をつくりました。しかしテロが未然に発覚し、逮捕されたとき「同盟の歌」と題する長文の歌を所持していました。そこには「（朝鮮衰退の原因が）日本にあると怨んではならない。日本はロシアを駆逐してくれたではないか。これは日本でなければできないことであって恩徳ではないか」と書かれていました。

また伊藤博文を暗殺した安重根も「東洋平和論」のなかで、

「日露の開戦は黄白両人種の競争というべきものであって（中略）快なるかな、壮なるかな、数百年来、悪を行いつづけてきた白人種の先鋒が、鼓を一打しただけで大破してしまったのである。（日露戦争の勝利は）千古に稀な事業として万国に記念すべき功績であった。だからこの時、韓・清両国の有志は、はからずも同じように、自分たちが勝ったように喜んだ」と述べています。

日露戦争はすべてのアジア民族に〝光〟を与えた戦いとなったのです。

日露戦争と勝典少尉の戦死

日露戦争の開戦によって、休職していた乃木さんは敵の根拠地である旅順の大要塞を攻略する第三軍司令官となったのでした。

乃木さんの息子である、勝典、保典も立派に成長し、それぞれ陸軍少尉となっていました。乃木さんは**「親子三人の出征だ。必ず三つの柩が乃木家から出るものと思え。その時までは葬儀は営むな」**と静子夫人に言い残し、出征していきました。

乃木さんが旅順へ向かうべく広島へ到着したとき、先立って出征していた第二軍（司令官・奥保鞏）に所属する勝典少尉が、南山の戦いにおいて金州城外で戦死したことが伝えられました。享年二十六歳。

腹を撃たれて野戦病院に運ばれながら、亡くなるまでの三十時間、一度も痛いとも苦しいとも言わず、死に勝る激痛に「ヨイショ、ヨイショ」というかけ声だけをあげて、やがて息をひきとりました。「武士は命を棄てても弱音を吐くな」という乃木家の教えが勝典に宿ったのでしょう。その遺言は「母上に勝典は立派に戦死したと申し上げてくれ」でした。

電報をうけたとき、乃木さんは幕僚に**「勝典もようやく御上の御用を果たしたそ**

うだな。武門の誉れだ。これほど喜ばしいことはない」と言いましたが、その直後、勝典・保典両少尉の写真を手にした記念写真を残しています。乃木さんの心の内を察することができるでしょう。

乃木さんは勝典少尉の死を静子夫人に電報で伝えました。静子夫人も涙一つ流さず祖先の霊前へ報告しましたが、戦地から勝典少尉の遺品が送られた際、泥や血のついた遺服を抱きしめながら、「よく死んでくれた。お役にたった」と涙声になって言われたとき、一同は泣かずにおれなかったといいます。

乃木さんは戦地に上陸した日、陸軍大将に任じられました。

旅順要塞攻略戦と保典少尉の戦死

旅順要塞は、日清戦争で簡単に攻略された拠点でしたが、ロシアはこれを近代式の要塞へと改造し、難攻不落といわれる永久要塞を築城していました。それは欧州随一の築城家をして、「これら物すごき連山の攻撃をあえてするのは、あたかも敗北と死滅の外に、答うる道のない謎である」と言わしめたほどのものでした。

この要塞にステッセル中将率いる三万五千余人が守備し、包囲する日本軍はのべ十二万。落城までの戦闘期間は一五五日を数え、日本の死傷者数は約六万、ロシア側は約三万でした。

旅順要塞攻略戦は第一回から第三回までおこなわれましたが、第三軍はその度ごとに戦術を変え、同じ戦法に固執しない極めて柔軟な指揮をみせました。

しかし、死傷者は日を増すごとに増えていき、戦場には見渡す限りの負傷兵が転がっていました。

荒野には何千という負傷兵が山から運ばれてきますが、手のつけようもなく、うめき声が野をおおいつくします。のたうち回って苦しむもの、血を吐くもの、手足を骨折したもの、あるものは狂い、あるものは静かに息をひきとりました。

乃木さんのもとに集まってくる第一線からの報告は、胸を痛めるものばかりでした。

このような報告を耳にしつつも、将兵に突撃を命令する乃木さん。胸中は如何ばかりだったでしょう。

乃木さんは静かに見渡す限りの負傷者のなかを歩きました。見つめる眼は涙にひかり、「氷を持ってきてくれ」と言うと、副官と伝令が後方へと走っていきます。そして負傷者のそばにいくと**「よくやってくれた。早くよくなっておくれ」**と、大勢の負傷者のなかを一人ひとりに手をとるようにして言いました。

やがて副官たちが氷をバケツで運んできました。乃木さんはその一個一個を負傷者の口に入れてあげました。

負傷者はポロポロと涙を流しながら乃木さんを見つめます。「早くよくなって大将のもとで死にたい」と思わないものはいませんでした。

乃木さんから氷をもらったものは後年、次のように語っています。

「私は泣けて泣けて仕方なかった。傷ついた我身が怨めしかった。今日でも大将のこの言葉を忘れるものではないのである。広い野の中に立った大将の淋しい姿、それは今も目の前にハッキリと映っている」

激戦となった二〇三高地の戦いでは、保典少尉が戦死しました。享年二十四歳。夜になって保典少尉が戦死したことを聞いた乃木さんは、**「何！　保典が……そうか」**と言うと、ふいと卓上のランプの火を消してしまいました。

乃木さんは堪えきれず、涙を流すのを部下に見られないよう、とっさに火を消したのでした。勝典少尉が死んでも、保典少尉が死んでも、多くを語りませんでしたが、その心臓は張り裂ける思いがあったでしょう。

息子二人を亡くした乃木さんを思い、誰言うとなく

一人息子と泣いてはすまぬ二人無くした方もある

と詠いました。

後年、旅順にロシア将兵を弔う「礼拝堂」が建立されたとき、乃木さんが式典に参加するため発注していたカバンにネーム「K.Nogi」と書かれていました。

しかし、名前は希典ですから「M.Nogi」でなければなりません。乃木さんは「これは間違っているね」と言いましたが、すぐに「うん、これで良い」と機嫌よくカバンを持って行きました。Kを勝典のカバンと思えば、二人で思い出の旅順へと旅をするのだと嬉しく思われたのでしょう。

水師営の会見

旅順を攻撃して五ヶ月余、ついに守将ステッセルは降伏を決意し、有名な「水師営の会見」がおこなわれました。

ステッセルが愛息二人を失ったことに哀悼の意を表すると、乃木さんは**「国のために身を捧げたもので、光栄で誇るところだ」**と応えます。

また、ステッセルが日本軍の武勇を讃えると、乃木さんもロシア軍の防備を称賛しました。ステッセルが自分の愛馬を乃木さんに贈ろうとすると、乃木さんは**「直接頂戴すると軍規に反するので、一度委員の手に渡し、そのうえで私の手で愛撫します」**

と約束しました（会見の情景を歌人の佐佐木信綱が作詞して、唱歌「水師営の会見」として今でも歌い継がれています）。

水師営の会見（写真２列目左から２人目が乃木、３人目がステッセル）

後に贈られた軍馬を、乃木さんは「寿号」と名付けて愛養し、やがて「寿号」は種馬として日本の馬匹改良に大きな貢献をすることになります。

会見終了後、日露両軍の将校はそろって、中庭で記念写真を撮って解散しますが、この写真は世界を驚嘆させることになります。

当時、世界の講和会見では、降伏した敵将には帯刀を許さず丸腰にさせることが当然でした。しかし、乃木さんは敗れた敵将に敬意を払い、互いに帯刀することを認めたのです。

戦後、ステッセルは「まだ余力があるのに、降伏するとは何事か！」と軍事裁判にかけられ、死刑を宣告されました。

これを聞いた乃木さんは、ステッセルは最後まで敢闘したという資料を送り、彼を弁護するよう指示し、各国の諸新聞に投書して世論喚起をうながしました。

その甲斐あってか、ステッセルは死をまぬがれ、大赦によって出獄することができました。

ステッセルは出獄後、口ぐせのように「乃木のような立派な将軍と戦って、敗れて悔いはない」と語っていました。

しかし、生活には恵まれず、乃木さんはいくらかの金銭をステッセルに送っていました。やがて乃木さんが殉死すると、「モスコーの僧侶より」として差出人不明の香典が送られてきました。これを聞いた人々は、「ステッセルに違いない」と確信しました。現在、青山霊園にある乃木家の墓に置かれた手水鉢は、「モスコーの一僧侶より」贈られた香典でつくられたものなのです。

旅順を陥落させた後、帝国海軍は日本海海戦で大勝をおさめました。この報告が伝わると、乃木さんは祝賀会を開きましたが、乃木さんは勝利を讃えるとともに、次のような挨拶を述べました。

「忘れてはならないのは、敵が大不幸をみたことである。わが戦勝を祝うと同時に、またわれわれは敵の苦境にあることを忘れないようにしたい。彼らは強いて不義の戦をさせられて死についた。立派な敵であることを認めてやらなければならない。それからさらにわが軍の戦死者に敬意を表し、敵軍の戦死者に同情を表して杯を重ねることにしよう」

明治三十八年（一九〇五）一月に旅順が陥落したことで、ロシア軍は雪どけ前に日本軍に打撃を与えるため、ついに前進を開始します。

当時、奉天に集結していたロシア軍は三十二万（日本軍二十五万）で兵力は圧倒的に優勢でした。敵将クロパトキンは「退却する者は日本軍の弾ではなく、退却を罰する剣のサビとなろう」と将兵を叱咤しました。

しかしこの行動は、日本軍の先制攻撃により初動で砕け、防戦一方に転じることになります。

日本軍はこの奉天会戦こそ、日露戦争の関ヶ原だと決め、総力戦を展開します。

乃木さんの率いる第三軍は、旅順要塞攻略戦を終えて将兵ともに極度に疲弊していたため、奉天会戦では休ませる意味を含めて主力ではなく、ロシア軍を引きつけることだけを目的に老兵を中心に編成されていました。

ところがクロパトキンは「乃木軍来たる！」の報をうけると、乃木軍こそが日本軍の主力だと考え、全力を挙げて猛攻撃をしかけてきたのです。

乃木軍は進むに進めず、絶対絶命のピンチに追い込まれますが、本来、主力であった第一軍、第四軍、またその他の諸軍も苦戦しているため、老兵を率いた乃木軍によって包囲網を完成させるしか、勝利はおぼつかない状況となっていました。

乃木さんはこの状況を打開すべく小銃弾の飛んでくる最前線に駒を進め、指揮を執り始めます。その距離はロシア軍によって軍司令部付の獣医が頭を射抜かれて戦死するほどのものでした。

乃木軍の決死の前進をうけてロシア軍は退路を遮断させることを恐れて撤退を開始。日本軍は奉天会戦に勝利を収めたのです。

奉天会戦について、アメリカの従軍記者であったスタンレー・ウォシュバンは、次のように称しました。

「シベリア草原の雑兵や……農兵らには、乃木という人は悪霊の権化か、戦の魔神のように思われた。陣屋の炉辺夜話などには、乃木軍の兵は血の鬼か火の鬼で、ただ死を求めて、敵と組打しなければ止まぬものとなっていた……乃木大将とその将卒は……死を恐れない超人的怪物である。いったん火蓋を切ったならば、一人残らず斃れるまで襲撃を止めない軍人だ」

さらには、「我らは旅順の乃木軍ぞ！」と叫んで追撃すると、その声にロシア軍の恐怖は火の如く広がって、全軍こぞっての退却となったと伝えています。

戦後、乃木さんの発案で旅順の案子山にロシア将兵を弔う「礼拝堂」（高さ十メートル）

が建立されました。これは日本軍の慰霊よりも先んじておこなわれ、案内を受けたロシアは感激し、ニコライⅡ世は自ら参列したいともらしたほどでした。

式典には、ロシアから多くの主要人物が参列し、ロシア正教方式で荘厳な儀式が行われました。

ロシアの参列者たちは、「敵の弔魂碑を建てるなどということは、世界にその類をみない！」と皆感激し、日本人を尊敬するようになりました。

日本のつくった「表忠塔」「納骨堂」は、「白玉山塔」と呼ばれ、今なお、そのままの姿で建っています。

ロシア将兵を弔う礼拝堂

自責の念と戦死病者への支援

明治三十八年（一九〇五）九月五日、日露戦争は

日本の勝利で終戦を迎えました。乃木さんは皇居へ参内し、明治天皇に拝謁して出征中の報告をしました。

多くの国民は、乃木さんを凱旋将軍として歓喜して迎えますが、乃木さんは戦争で多くの将兵を失ったことを明治天皇や戦歿者遺族に対して恥じていました。

そのため復命書を奏上する際、明治天皇に自らの過失を包み隠さず、周りの反対を押し切って率直に奏読されました。乃木さんは西南戦争で軍旗を失った責任を加え、一命を棄てることでお詫びしたいと考えていたのです。

奉読中、旅順攻城に多大な犠牲を供したという字句にいたった際、熱涙は頬をつたい、痛恨の情きわまるところを知りませんでした。

奏上が終わると、乃木さんはヨロヨロと立ち上がり、御前を退出しようとしました。敵国ロシアの『ニーヴァ』誌ですら、乃木さんを英雄的に描いた挿絵を掲載し、世界中で子供の名前や道路を「Nogi」と命名するのが流行るほど、名将と称賛されている乃木さんの、華やかな凱歌に迎えられて帰国した将軍とは思えぬ後ろ姿に、明治天皇は「乃木！」と呼び止められました。

そして、「もし乃木がどうしても死を以て朕に謝するならば、それは朕が世を去った後にせよ。汝の生命は決して汝のものと思ってはならぬ」と仰せになられたのでした。

西南戦争以降、死所を得ようとして果たせなかった老将軍は、自分の命を明治天皇にお預けしたまま、余生を過ごすことになったのです。

明治天皇への拝謁を終えると、乃木さんは出征後、初めて赤坂の自宅へ帰宅しました。邸前には数千人もの人々が乃木さんの帰宅を待っており、「乃木大将万歳」を叫びました。

乃木さんは出迎えている人々に挙手の礼をすると、真っ先に邸内にある祖先を祀った祖廟にお参りをしました。

お参りを終えると応接室の入口で黙礼して迎えていた静子夫人の右手を力強く握って、一、二度強く振ると「ただいま、帰りました！」「ご苦労さまでした」と大きな声で語りかけました。
静子夫人は熱涙を抑えることができず、ただただ無言で乃木さんを見つめます。旅順要塞攻略戦で乃木軍の苦戦が伝わると、乃木邸は罵声や投石をうけ、乃木さんの辞職や切腹を勧告する手紙が二四〇〇通も届いていました。さらに愛する勝典、保典の戦死……。これらの苦難に耐え忍んだ静子夫人には、様々な思いが胸に去来したことでしょう。

この様子を見ていた親戚や幕僚、婦人たちも涙を禁じることができず、乃木さんも静子夫人の手をしばらく握ったまま打ち振って離しませんでした。

乃木さんは、多額の恩賞や年金などから相当の収入がありましたが、生活は質素なものでした。生活に困窮する学生を支援したり、戦死傷者への支援にお金を出していたからです。

乃木さんは、多くの犠牲者を出した自分を責め、全国の遺族と傷病者のお見舞いにまわりました。戦傷病者のために自ら私財を出して考案・改良した「乃木式義手」を完成させたのも、このころです。

乃木式義手は、腕のない人がモノをつかんだり、持ち上げたり、食事やタバコもできて、絵や文字も書けるという画期的な世界初の作業用能動義手でした。

また、私費を投じて傷病者のための病院をつくり、国からもらった賞金で金時計をつくって部下たちに手渡し、兵士たちにお金を配りました。

乃木式義手（しょうけい館提供）

忠魂碑や戦歿者の墓碑銘も頼まれれば、自らの責任として進んで書いています。なかには費用が足らず小さな碑を建立しようとする村には、自ら多額の資金を寄付して立派な慰霊碑を建立しました。

また、世間から忘れさられつつあった廃兵院（戦争によって負傷、障害を負った人を収容した施設）には毎月一、二度は必ず訪れ、各部屋を見舞ったうえ、手土産を持参することを欠かしませんでした。皇室から賜った御下賜品をいただいた際には、真っ先に廃兵院に届けました。

人々は乃木さんの気持ちに涙し、乃木さんが来院することを心待ちにしていたといいます。

学習院長時代

明治四十年（一九〇七）一月、乃木さんは明治天皇より学習院長を任じられます。当時の学習院の生徒たちが、贅沢やわがままに育っていることを憂慮し、明治天皇の皇孫である裕仁親王（のち昭和天皇）が通学される関係からも、精神上の教育を任せられるのは乃木さんしかいないという叡慮でした。

乃木さんは学習院長に就任すると、自ら学習院に泊まり込んで学生と寝食を共にし、服装も軍服で一日を過ごしました。訓示だけでなくあらゆることを実行して、学

片瀬海岸での海水浴の集合写真

生たちを導こうとしたのです。

「寿号」を見せた際、ワラを与えようとする生徒たちに乃木さんは、「そっちの馬にあげて、こちらの馬にあげないと可愛そうだよ。馬も人間も同じことだ。平等にしなければいけないよ」と馬を通じて万事平等を教えました。

学習院の運動会で職員によるスプーンレースがありました。乃木さんも出場し、一番ビリになりましたが、最後までやり遂げて、ゴールしたときは皆で拍手して迎えました。これは乃木さんが、勉強でも運動でも、出来るところまで頑張る、最後までやり通すことが大事だという精神を学生に見せるためでした。

一方で、教師をやり込めようと、議論をふっかけるような生徒には教室からの退室を命じる厳しさを見せています。

学習院では、毎年夏は片瀬海岸へ海水浴に出かけました。乃木さんも必ず同行して若い学生と泳ぎ、遊んでいました。

怒れば鬼神もおののき、笑えば幼児もなつく、乃木さんから古英雄の面影を、私たちは偲ぶことができるのです。

また山鹿素行や吉田松陰の著書を、学習院の修身教科書として教えることで、華族の子弟に士道を吹き込みました。特に山鹿素行の『中朝事実』を重視しました。これは日本の皇統（天皇の血統）が絶えることなく、智・仁・勇の三徳において外国よりもすぐれた国であることを歴史に即して述べたものでした。

これを踏まえて、学生とこんなやり取りがありました。

生徒「個人の自賛は見苦しいですが、国家の自賛も同じではないでしょうか？」

乃木**「うむ、自賛はうぬぼれじゃよ。自賛と自信はハッキリと区別せねばならぬ。**

五のものを十と見せるはうぬぼれじゃ。しかし、五のものを二と見下すは卑屈じゃ。五のものを五と正しく認識するのが自信じゃよ。自信は信念を生み、信念は自尊を生むものじゃ。正しき日本国のあるがままの大精神を知って、大自信を生ぜよと教えてあるのじゃ」

生徒「祖先と子孫とは、どちらを大切にするべきでありましょうか？」

乃木**「どちらも大切じゃよ。しかし祖先を思う人にして、はじめてより良き子孫をも後代に残し得るというものじゃろう」**

生徒「世界精神と国家精神は両立するものでしょうか？」

乃木**「うん。面白い。確かに両立するものだ。世界精神を発揚せんとするには、まず正しき国家精神を熱愛せねばならない。各自の国家を完全な道義国として生長せしめる為には、まず建国の基礎たる、一君万民、君臣一如の大精神を探求し、各個の品格を高め、破邪顕正、救国済民の目的を世界に確立する大勇猛心を要するものじゃ。日本にさしのぼる道義の光輝を以って、世界の闇を照らさしむ**

というは、最高、最大の愛国心である。この愛国心の赤誠と世界精神は究極においてて必ず両立するものじゃよ」

そして昭和天皇のご教育については、以下を掲げられました。

一、ご健康を第一と心得べきこと。

二、お宜しからぬ御行状と拝し奉る時は、御矯正申上ぐるに御遠慮あるまじきこと。

三、御成績につきては御斟酌然るべからざること。

四、御幼少より御勤勉の御習慣をつけ奉るべきこと。

五、成るべく御質素に御育て申上ぐるべきこと。

六、将来陸海の軍務につかせらるべきにつき、其の御指導に注意すること。

昭和天皇は、乃木さんの気風に感化され、学校では消しゴムは豆粒くらいになるまで、鉛筆も一センチほどになるまで使われました。また帰宅すると、保母の足立孝に「院長閣下が着物の穴の空いているのを着てはいけないが、つぎの当たったのを着るのは恥ではないとおっしゃるから、穴の空いている服につぎを当てて欲しい」と仰せになられました。

昭和二十七、八年頃、普段お召しになられる外套の襟が破れたことを女官長が申し上げると、昭和天皇は「外へ出る時は別だが、ふだんうちで往き来する時の外套はつぎを当てておけばいいから」と仰せられ、乃木さんの教育が生きていることを実感したといいます。

後年、空襲によって昭和天皇の住居は焼失してしまったため、昭和天皇は御文庫付属室という地下深く掘られた防空壕で暮らされました。ここは日があたらない劣悪な環境で、水が染み出しポタポタ落ちてくる。スーツを吊るしておくと、一両日で絞れる程の水を含む酷い湿気でした。

侍従が「こんな場所に住まわせてはおけない」と御所の新造を提言するも、「世の中には住む家の無い人もいるのに、私はこれだけの物があるのだから」とお断りになりました。昭和三十四年（一九五九）になって皇太子殿下、美智子妃殿下の御成婚を華やかに祝うときですら、昭和天皇はこの環境で過ごされました。

結局、新しい御所（現、吹上大宮御所）が完成するまで、十六年間も御文書付属室に住まわれましたが、ここからも乃木さんの教えの片鱗をうかがい知ることができます。

昭和天皇は乃木さんを「院長閣下」と呼び、終生尊敬されていました。

明治四十二年（一九〇九）七月、明治天皇は学習院を行幸されました。天皇の学習院行幸は十数年ぶりのことで、乃木さんが院長となって空気が引き締まり、明治天皇の御親任の通りの成果をあげたのです。静子夫人も学習院でお迎えすることになりました。来賓の婦人たちが馬車やきらびやかな装いで参列するなか、静子夫人は人目をひくほど質素な服装でしたが、物腰に品位があり、見る人の眼には輝かしくうつりました。

　そして粗服をまとった静子夫人が一人だけ、明治天皇から拝謁の栄に浴しました。「乃木もにわかに多くの子供をもって、なかなか世話のやけることであろう」とありがたいお言葉を賜り、静子夫人は感涙にむせびました。

　美しい着物も指輪の輝きも、心の光には及びません。なみいる貴婦人のなかには、着飾った自分たちの姿に、恥じ入った人も多くいたことでしょう。

明治天皇の崩御と殉死

　明治四十四年（一九一一）二月、東伏見宮依仁親王と同妃殿下が英国王戴冠式に臨御するため、渡欧することになり、乃木さんと日本海海戦で勝利した東郷平八郎海軍大将を随行に命じられました。

　この訪英で乃木さんは、イギリスの友人であるキッチナー元帥、ベーデン・パウエル卿を通じてボーイスカウトの資料を入手し、帰国後に陸軍から払い下げてもらったテントを使って、片瀬海岸で日本初となるキャンピングを実施しました。これがボーイスカウトの先駆けとなりました。

明治四十五年（一九一二）七月二十日、宮内省から明治天皇がご病気にかかられたとの発表があり、日本国中が騒然としました。老人たちは数珠を握って明治天皇のご病気の平癒を祈念し、全国の寺ではご祈祷の集まりが催され、国民は私たちの天皇をどうか奪わないで欲しいと懸命に祈りました。

乃木さんは学生を連れて鎌倉の海に来ていましたが、明治天皇のご病気を聞くと直ちに参内し、以後は殉死するまでの五十六日の間に一三〇回以上も参内しつづけ、回復を祈念しました。

しかし、全ての人々の願いも空しく、七月三十日に明治天皇は崩御されました。明治天皇の御大葬は、九月十三日に挙行されることが決まり、日本中が物悲しくなるなか、乃木さんは邸の門柱からひっそりと名札を外してしまいました。当時、門札のない家は空き家の証であり、明治天皇に殉ずる覚悟をかためたのでした。

乃木さんは学習院の生徒を集め、生徒たちに**「日本はどこにあると思うか」**と質問をします。

生徒たちは「アジアにある」「東洋にある」と様々に回答します。乃木さんは生徒たちを慈父の眼差しで見つめながら、こう述べました。

「そうじゃないんだ。みんなもようく覚えていてほしい。日本はみんなの心にあるんだ。これだけは忘れてくれるな」

これが、乃木さんの最期の講義でした。

九月八日に院長訓示があり、十八日まで学習院を休みにする旨と「我々老人はいつ死ぬかわからない」ともらしました。学生は礼をしていましたが、なかなか「なおれ」の号令がかかりません。少し顔をあげて見てみると、乃木さんは正堂の入口に立ち止まり、別離の思いで生徒を見ていました。

九月十日、陸海軍少尉に任官された裕仁親王に、乃木さんは祝辞を述べたうえ、『中朝事実』と『中興鑑言』の二冊を取り出して、**「この本は殿下が将来、天皇にご**

即位されたとき、最もご参考となるべきものが多いことを信じ、その要所に朱点を施してあります」と言って献上しました。

『中興鑑言』は「建武の中興は復讐であって正義ではない」として、後醍醐天皇を強烈に批判し、たとえ天皇であっても民心を失えば失脚することを説いた内容でした。『中朝事実』でわが国が万邦無比（全ての国のなかでも、比べることができるものがいないほどにすぐれていること）であることを説きつつも、『中興鑑言』で天皇に徳がなければならないことを述べる。乃木さんは昭和天皇に「バランス」の重要性を最後にご指導されたのです。

退出される乃木さんの、いつもとはただならぬ雰囲気に、裕仁親王は「院長閣下はどこに行かれるのですか？」と質問され、その殉死を聞いた際には「ご落涙」あそばされたと『昭和天皇実録』は伝えています。

こうして明治天皇の大葬の日、運命の九月十三日を迎えることになりました。乃木さんは朝、両手にカステラを持って二頭の愛馬の待つ厩を訪れました。このう

乃木さんの愛馬「乃木号」

ちの一頭は「乃木号」といい、ステッセルから貰った「寿号」の子供でした。愛馬は乃木さんを見つけると、愛おしそうに高くいなないて乃木さんを迎えます。乃木さんは心のこもった名残の糧を与えて、いつものように優しく鼻面をなでていました。

乃木さんが殉死されたとき、乃木号にもわかったのでしょう。首を垂れて死んだようになり、草もワラもしばらく口に入れなかったため、不憫に思わぬものはなかったといいます。

そこに前日から頼んでいた写真師がやってきたので、乃木さんは陸軍大将の正服、静子夫人は白襟のうちかけに袴を穿いた姿で、玄関口で写真を撮られました。

明治天皇が崩御されてから、喪中にカミソリをあてるのは武士の礼にないということで、一度もヒゲを剃っていなかったため顔にはヒゲが茫々と生えていました。乃木さんの顔は憔悴し、このよく使われる写真は普段の乃木さんの姿ではなく、その姿は人が違っているのではないかと思うほどであったといいます。

撮影に際しては「コンノート殿下に献上するから注意してくれ」と述べ、イギリス王室から授与された勲章を佩用して（身につけて）撮影しました。

撮影を終えてから写真師が「室内のご用かと存じまして、その用意をしてきたのですが」と言うのを聞いて、「それならば室内でもう一枚撮ろう」と二階の西洋室で、将軍は正服のまま円卓の椅子にかかり、メガネをかけて新聞を読み、夫人は左隣に立っているところを撮影しました。

この撮影中、霊化奉安の儀式に参加するため、宮内省から自動車がまわされたため、参列して自邸に戻りました。

このころ、御大葬を拝観するため、郷里などから多くの来客が来ていたので一同と食事をしましたが、夫妻は晴れ晴れとして、いつになく冗談なども交えていたといいます。

こうして夜八時が近づくと客人や女中たちにも「お前たちも拝んでおいで」と機嫌よく送り出してあげました。

乃木邸は先程までの喧騒がうそのように静寂に包まれ、初秋の冷気をおびた風が、庭の立木に軽い葉音をたてていました。

夜八時十分。明治天皇の御霊轜（柩を乗せて運ぶ車）の出門を知らせる砲声が鳴り響きます。二階の八畳の間は、焚きくゆらせた香煙が縷々として上がっています。皇居に面した方向には机を置き、明治天皇のご真影をその上に奉安し、真榊を供えて御前には遺書と和歌が捧げてありました。

遺書の日付は前日の十二日となっており、乃木さんは自分が殉死した後の静子夫人の身を案じ指示をしていました。しかし武士の切腹には見届人があるのを理想とします。乃木さんは古式に習い、静子夫人を見届人としたのですが、静子夫人が当日の夜、「今宵だけは……」と後を追うことを希望して引かないため、夫妻で殉死することになったのです。

乃木さんと静子夫人はご真影の前で平伏すると、「お心おきなくお支度を遊ばしますよう」と静子夫人は乃木さんに微笑みながら語りかけました。

「ご先途をお見届けいたします」

静子夫人はご真影に供えていた葡萄酒の瓶をとって乃木さんに注ぎました。将軍は盃を飲み干すと静かに夫人に返しました。そして上着を脱いで家宝である名刀兼光を手にとると十文字に割腹し、切り裂き返す刀で喉元をつらぬいてうつ伏せに倒れ込みました。

静子夫人は「お見事でした」と述べた後、「お供いたしまする」と静かに声を出すと、名刀月山の短刀を白紙で巻いて、胸を刺して俯伏し、絶命しました。

陸軍大将伯爵・乃木希典、享年六十四歳。静子夫人、享年五十四歳でした。

発見された時、乃木さんは微笑を浮かべており、二人の礼法通りで少しも取り乱した様のない遺骸に、その最期の崇高さに感嘆しないものはいませんでした。

乃木さんは、次の辞世をのこしました。

神あがりあがりましぬる大君のみあとはるかにをろがみまつる

うつし世を神去りましし大君のみあとしたひて我はゆくなり

また、静子夫人は、

出でましてかへります日のなしときくけふの御幸に逢ふぞかなしき

との辞世をのこしています。

明治は終わり、時代はこの後、大正、そして激動の昭和へと向かっていくのです。

〈年表〉

年代（西暦）	数え年	ことがら
嘉永２年（1849）	１歳	11月11日　江戸麻布日ヶ窪に生まれる
安政４年（1857）	９歳	11月27日　鹿児島にて静子夫人生まれる
安政５年（1858）	10歳	父母弟妹と共に江戸より長府へ移住する
文久３年（1863）	15歳	藩学敬業館内の集童場に入学する
元治元年（1864）	16歳	玉木文之進のもとで修学する
慶応元年（1865）	17歳	明倫館に通学する
２年（1866）	18歳	報国隊で小倉に初陣する
３年（1867）	19歳	明倫館に入学する
明治４年（1871）	23歳	陸軍少佐に任じられる
９年（1876）	28歳	秋月の乱に出動鎮圧する
		萩の乱で弟の玉木正誼が戦死する
10年（1877）	29歳	西南の役に参加、植木の戦いで軍旗を奪われる
		陸軍中佐に任じられる
11年（1878）	30歳	静子夫人と結婚する
12年（1879）	31歳	長男勝典が生まれる
13年（1880）	32歳	陸軍大佐に任じられる
14年（1881）	33歳	次男保典が生まれる
18年（1885）	37歳	陸軍少将に任じられる
20年（1887）	39歳	ドイツへ留学する（～21年）
27年（1894）	46歳	日清戦争に参加する
28年（1895）	47歳	陸軍中将に任じられる
29年（1896）	48歳	台湾総督に任じられる
31年（1898）	50歳	台湾総督を免ぜられ、休職となる
		善通寺で第十一旅団長をつとめる
34年（1901）	53歳	休職となり、栃木県那須野で農耕生活をする
37年（1904）	56歳	日露戦争に参加する
38年（1905）	57歳	旅順陥落、ステッセル将軍と会見する
		奉天会戦に参加する
39年（1906）	58歳	凱旋する
40年（1907）	59歳	学習院院長を兼任する
大正元年（1912）	64歳	明治天皇の御大葬当日（９月13日）午後８時、自刃
		静子夫人（54歳）も後を追って自刃

あとがき

軍神・陸軍大将乃木希典。現在に至るまで乃木大将ほど、人々から誤解をされている人は珍しいでしょう。

国民から圧倒的な人気を博していながら、明治天皇に殉死したことで、当時からその死に対して批判的な言説があったのは事実でした。

しかし、現在に至るまで乃木神社を参拝する人がいることは、殉死という行為の是非を超えて、多くの人々が乃木大将夫妻の徳を慕っていることをしめしていると思えます。

乃木大将夫妻の葬儀（九月十八日）には、皇族をはじめ、内外国の高官、名士が多く集まり、葬列通過の沿道における送葬者は十万人に達しました。

作家の黒岩涙香は乃木大将の殉死後、

今日まではすぐれし人と思ひしに人と生れし神にぞありける

と讃えています。これに対し、第三軍の参謀であった津野田是重陸軍少将は、

斯の人も人と生れし人なれど学び修めて神とこそなれ

と詠んでいます。

乃木大将の人生は波乱の連続でした。その中でも自暴自棄にならず、国のため、人のために全力を尽くしたことが、現在まで多くの人々に尊敬されている要因ではないでしょうか。

乃木大将を「神」として祀ったのは、大正五年（一九一六）四月十三日、那須塩原の別邸内に乃木神社がご創建されたのが最初となります。

これに続いて同年九月十三日に京都の伏見桃山と北海道の函館に乃木神社が、大正八年（一九二〇）九月十三日に下関市に創建され、その後、大正十二年、東京赤坂に民間有志の強い要望で旧乃木邸の隣に乃木神社がご創建されたことは、本文中にも述べたところとなります。

その他も境内社として、香川縣護國神社（香川県善通寺市）、御傘山神社（北海道室蘭市）、秩父御嶽神社（埼玉県飯能市）などにも乃木神社は建立され、台湾でも東龍宮に現在でも乃木大将は祀られているほか、韓国では京城神社の摂社として乃木神社が建立されていたように、多くの人々から尊崇をうけてきました。

しかし戦後になって、書や作詩など文人としては優秀だが、多くの犠牲者を出したことから軍人としては無能だったという「乃木無能論」が台頭してきました。

本来、第三軍は旅順要塞を包囲する目的で編成され、旅順要塞を攻略しなければならなくなったのは、帝国海軍がロシア艦隊を取り逃したため、二〇三高地に観測所を設けて港内艦隊を撃破する必要が生じたためでした。しかも観測所を設けても港内を艦隊が動けば命中は難しく、要塞内部の情報もないまま困難な任務を押しつけられたのが実態でした。

　また第三軍の作戦は当然ながら満州軍総司令部の許可を得て実施しており、乃木大将の盟友である児玉源太郎総参謀長が指揮をとって二〇三高地を攻略したというのも史実ではありません。

　しかし本書ではそれらに対する反論よりも、事実を描くことで正しい乃木像を知っていただくことに心を配りました。本書を通じて少しでも多くの方に、乃木大将の真実が伝わることを祈っております。

　本書の執筆に際しては、乃木神社の加藤司郎宮司に巻頭の辞を賜ったほか、中央乃木会飯島正弘事務局長、明成社の和田浩幸氏にお世話になりました。また、金倉寺、しょうけい館には写真提供をいただき、この場を借りて御礼を申し上げる次第です。